CATALOGUE

D'UNE COLLECTION DE

TABLEAUX

TRÈS-IMPORTANTS

DE

L'ÉCOLE MODERNE

Dont la Vente aura lieu

HOTEL DROUOT, SALLE N° 8

Le Lundi 22 Mars 1869

À DEUX HEURES ET DEMIE PRÉCISES

EXPOSITIONS :

PARTICULIÈRE : LE SAMEDI 20 Mars 1869;

PUBLIQUE : LE DIMANCHE 21 Mars 1869.

DE UNE HEURE A CINQ HEURES ET DEMIE.

Mᵉ CHARLES PILLET	**M. FRANCIS PETIT**
COMMISSAIRE-PRISEUR,	EXPERT
Rue Grange-Batelière, 10.	7, rue Saint-Georges.

CATALOGUE

D'UNE COLLECTION DE

TABLEAUX

TRÈS-IMPORTANTS

DE

L'ÉCOLE MODERNE

Dont la Vente aura lieu

HOTEL DROUOT, SALLE N° 8

Le Lundi 22 Mars 1869

A DEUX HEURES ET DEMIE PRÉCISES

EXPOSITIONS :

PARTICULIÈRE : LE SAMEDI 20 Mars 1869;

PUBLIQUE : LE DIMANCHE 21 Mars 1869.

DE UNE HEURE A CINQ HEURES ET DEMIE.

Mᵉ CHARLES PILLET	M. FRANCIS PETIT
COMMISSAIRE-PRISEUR,	EXPERT
Rue Grange-Batelière, 10.	7, rue Saint-Georges.

CONDITIONS DE LA VENTE

Elle sera faite au comptant.

Les acquéreurs payeront, en sus des adjudications, *cinq pour cent*, applicables aux frais.

Paris. — Typ. PILLET fils aîné, rue des Grands-Augustins, 5.

DESIGNATION

BAUDRY

1 — La Fortune et le jeune enfant.

Haut., 60 cent.; larg., 44 cent.

ROSA BONHEUR

2 — Pâturage.

Deux vaches dans une prairie gardées par une paysanne.

Haut., 31 cent.; larg., 45 cent.

ROSA BONHEUR

3 — Berger landais et son troupeau.

Haut., 26 cent.; larg., 35 cent.

ROSA BONHEUR

4 — Troupeau au pâturage.

Dessin. Haut., 43 cent.; larg., 64 cent.

BOULANGER

(GUSTAVE)

5 — La Jeunesse de Haydn.

Haut., 57 cent. ; larg., 72 cent.

BRASCASSAT

6 — Taureau se débattant contre un essaim de mouches.

Haut., 80 cent.; larg., 1 mèt.

BRASCASSAT

7 — Troupeau de moutons fuyant un loup.

Haut., 27 cent.; larg., 34 cent.

CABANEL

8 — Petite bacchante couchée.

Haut., 80 cent.; larg., 1 mèt.

CABAT

9 — Groupe d'arbres au bord d'une mare.

Haut., 41 cent.; larg., 60 cent.

CHARLET

10 — Intérieur d'un atelier d'artiste.

Haut., 40 cent.; larg., 31 cent.

CHASSÉRIAU

11 — Combat entre des tribus arabes.

Haut., 53 cent.; larg., 64 cent.

COROT

12 — Au bord des étangs de Ville-d'Avray.

Haut., 38 cent.; larg., 64 cent.

DECAMPS

13 — Mare bordée de rochers, au milieu d'une grande forêt.

Haut., 61 cent., larg., 1 mèt.

14 — Paysage. — Tobie et l'Ange.

Haut., 60 cent.; larg., 81 cent.

15 — Chasseur au marais.

Haut., 35 cent ; larg., 47 cent

DECAMPS

16 — Un Jour d'ouverture de chasse dans la plaine Saint-Denis.

Haut., 35 cent.; larg., 38 cent.

17 — Un vieux chasseur.

Haut., 28 cent.; larg., 20 cent.

DE DREUX

(ALFRED)

18 — Chasse au Renard.

Composition très-importante provenant de la collection Lebon.

Haut.,   cent.; larg.,   cent.

DELACROIX

(EUGÈNE)

19 — Apparition de Méphistophélès à Faust.

Haut., 48 cent.; larg., 40 cent.

DIAZ

20 — Troupe de bohémiens en marche.

Haut., 28 cent.; larg., 39 cent.

21 — Une lisière de bois au soleil couchant.

Haut., 26 cent.; larg., 36 cent.

22 — Clairière dans la forêt de Fontainebleau.

Haut., 41 cent.; larg., 60 cent.

23 — Un vieux savant.

Haut., 22 cent ; larg., 17 cent.

DUPRÉ

(JULES)

24 — Bouquet de chênes dans une forêt.

Haut., 62 cent.; larg., 97 cent.

ROBERT-FLEURY

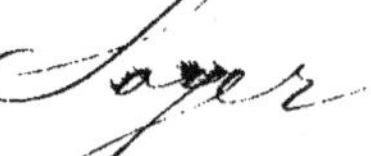

25 — Luther prêtant serment à l'Université devant l'Électeur de Saxe.

Haut., 1 m. 5 cent.; larg., 85 cent.

GÉRICAULT

26 — Scène du Déluge.

Composition importante décrite dans le catalogue de
de l'œuvre de Géricault, par Charles Clément.

Haut., 95 cent.; larg., 1 m. 28 cent.

GIRAUD

27 — Le Colin-Maillard.

28 — Les Crêpes.

INGRES

29 — Figure de saint Pierre.

Étude faite à Rome.

Haut., 48 cent., larg., 57 cent.

ISABEY

30 — Cour et laboratoire d'un Alchimiste.

Haut., 31 cent.; larg., 43 cent.

ISABEY

31 — Marine. — Pêcheurs tirant une barque hors de
l'eau.

Haut., 45 cent.; larg., 68 cent.

32 — Marine. — Bateau à vapeur en rade.

Haut., 27 cent.; larg., 39 cent.

LAMI

(EUGÈNE)

33 — Officier visitant des bohémiens prisonniers.

Aquarelle.

Haut., 30 cent.; larg., 46 cent.

LEYS

34 — Un Prêche, au temps de Luther.

Haut., 62 cent.; larg , 80 cent.

MARILHAT

35 — Mosquée aux bords du Nil. — Effet de soleil couchant.

Composition capitale.

Haut., 1 m. 60 cent.; larg., 2 m. 25 cent.

36 — Avenue de Palmiers conduisant à la porte d'une Mosquée.

Haut., 80 cent.; larg., 55 cent.

PRUD'HON

(P.-P.)

37 — Andromaque.

La veuve d'Hector pleure sur le sort de son fils, dont les traits retracent vivement aux deux époux :

— C'est Hector, disait-elle, en l'embrassant toujours;
Voilà ses yeux, sa bouche, et déjà son audace;
C'est lui-même, c'est toi, cher époux, que j'embrasse.

(RACINE.)

Vente Laperlier.

Haut., 1 m. 30 cent.; larg., 1 m. 70 cent.

ROBERT

(LÉOPOLD)

38 — Pifferaro. — Étude faite à Rome.

Haut., 40 cent.; larg., 32 cent.

ROQUEPLAN

99 — Promenade dans un parc.

Haut., 27 cent.; larg., 49 cent.

ARY SCHEFFER

40 — Faust à l'étude.

Haut., 60 cent.; larg., 39 cent.

41 — Marguerite au rouet.

Haut., 60 cent.; larg., 39 cent.

ARY SCHEFFER

42 — Enfants de Moissonneurs.

Haut., 45 cent.; larg., 37 cent.

43 — Jeune garçon effrayé par l'orage.

Haut., 39 cent.; larg., 31 cent.

TROYON

44 — Cheval de paysan à la porte d'un maréchal-ferrant.

Haut., 83 cent.; larg., 25 cent.

45 — Les Coteaux de Saint-Cloud, vus de Sèvres.

Haut., 61 cent.; larg., 81 cent.

OTTO WEBER

46 — Animaux au pâturage au bord d'une rivière. — Effet de soleil couchant.

Haut., 47 cent.; larg., 60 cent.

ZIEM

47 — Paysage maritime. — Vue de Hollande.

Haut., 34 cent.; larg., 47 cent.

TABLEAUX ANCIENS

COYPEL

48 — Diane surprise au bain par Actéon.

Haut., 71 cent.; larg., 1 m. 35 cent.

MEYER

(MADEMOISELLE)

49 — Portrait de femme.

Forme ovale. Haut., 62 cent.; larg., 50 cent.

POELENBURG

50 — Paysage italien avec figures.

Haut., 16 cent.; larg., 21 cent.

RUYSDAEL

(SALOMON)

51 — Paysage hollandais, animé d'une quantité de figures
et d'animaux.

Haut., 95 cent.; larg., 1 m. 30 cent.

VESTIER

52 — Portrait de femme.

Forme ovale. Haut., 60 cent.; larg., 50 cent.

ÉCOLE FRANÇAISE

53 — Tête de jeune fille.

Haut., 48 cent.; larg., 40 cent.

TITIEN

(D'APRÈS LE)

54 — Vénus couchée.

Belle copie encadrée d'une riche bordure en bois sculpté.

Haut., 1 m. 25 cent. ; larg. 1 m. 70 cent.

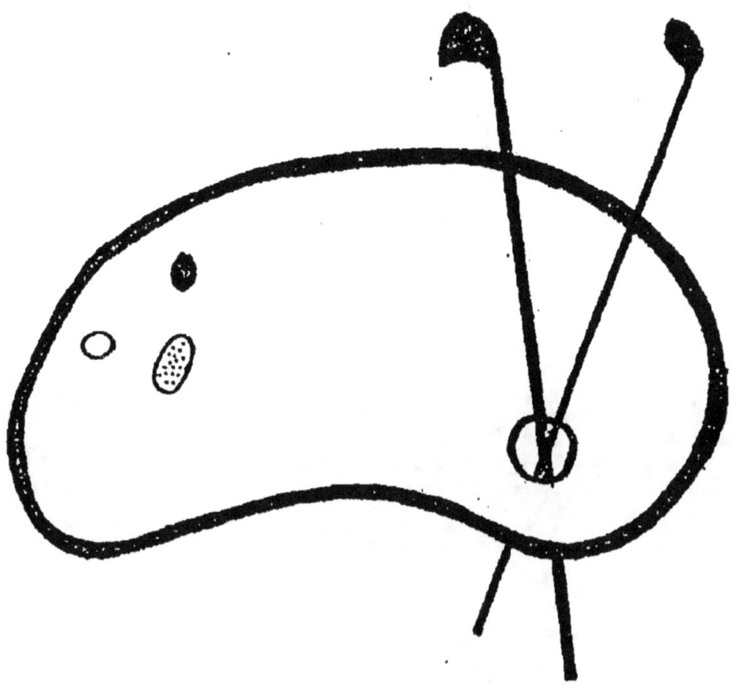

ORIGINAL EN COULEUR
NF Z 43-120-8